ISBN: 978-3-986601201

Raiffeisenstr. 4 · D-83377 Vachendorf
www.kampenwand-verlag.de

Autorin: Brigitte Loenhard

Korrektorat: Inez Ulrich
Bildlizenzen © Shutterstock: JungleOutThere; Nikolaeva; Alenka Karabanova, Lexi Claus; Katerina Chek; Graphicaffe; GoodStudio; TWINS Design Studio; my.ordinatry; Bibadash

Versand & Vertrieb durch Nova MD GmbH
www.novamd.de · bestellung@novamd.de · +49 (0) 861 166 17 27

Druck: Printed in Czech Republic
FINIDR, s.r.o. · Lípová 1965 · 737 01 Český Těšín

BRIGITTE
LOENHARD

Liebevolle Gute Nacht Geschichten für Babys

KAMPENWAND
VERLAG

In Kooperation mit dem Avocado Verlag

avocado
verlag

Inhalt

Liebe Mama, lieber Papa, liebe Bezugsperson

schön, dass ihr euch dafür entschieden habt, mich bei meiner Erholung und der Verarbeitung während des Schlafens zu unterstützen. Nichts ist für mich aufregender als das erste Jahr auf unserem Planeten. Und nichts eignet sich besser für die Verarbeitung des Neuentdeckten als mein Schlaf. In dieser Zeit verarbeitet mein Hirn alle Information, Eindrücke und Empfindungen des Tages und speichert diese ab.

Allein das zeigt, wie wichtig diese von außen betrachtet doch so unspektakuläre und wenig aktive Phase des Tages ist. Mithilfe dieses Buches könnt ihr mir dabei helfen, diese Phasen der Erholung und Verarbeitung möglichst gut zu nutzen. Denn schon die Einschlafphase ist für mich und meine Entwicklung von großer Bedeutung.

Ihr Erwachsenen werdet durch die Medien und euren Alltag häufig mit negativen Nachrichten bombardiert. Auch wenn ich diese Inhalte noch nicht aktiv wahrnehmen kann, können sich Stress sowie negative Schwingungen durchaus auf mich übertragen. Wir sind uns sicher einig, dass dies keine gute Grundlage für einen erholsamen Schlaf ist. Ich freue mich daher über eine Atmosphäre, die voller Positivität, Achtsamkeit und ohne Reizüberflutung den Übergang in meine Traumwelt begleitet. Dies gilt übrigens nicht nur für abends. Denn gerade in den ersten Monaten gehört die Abwechslung zwischen Schlafen und Wachsein zum festen Bestandteil meines Tagesablaufes.

In den nachfolgenden Kapiteln möchte ich euch erklären, wie dieses Büchlein aufgebaut ist und wie ihr es am besten in meinen Alltag integrieren könnt. Ich freue mich auf die gemeinsame Interaktion mit euch!

In Liebe

euer Nachwuchs

Aufbau des Buches

In diesem Buch findet ihr Gute-Nacht-Geschichten für mich, die es mir erleichtern werden, das am Tage Erlebte einfacher und stressfreier zu verarbeiten.

Das Buch ist dabei in unterschiedliche Themenbereiche eingeteilt. So könnt ihr immer eine passende Geschichte zum Erlebten finden. Erzählt werden diese Geschichten aus meiner Perspektive. Die Geschichten gehen also genau auf meine Emotionen, Gefühle und Wahrnehmungen ein.

Bei den Geschichten kommt es natürlich erst mit fortschreitendem Alter auf die Inhalte an. Viel mehr sind in den ersten Monaten das rhythmische Sprechen und die Betonung wichtig, die mich sanft in den Schlaf begleiten. Daher sind die Geschichten auch sehr kurz und in einfacher Sprache gehalten. Dabei orientieren sich die Inhalte der Geschichten an klassischen Ereignissen, die ich als Baby im ersten Lebensjahr erlebe und zu verarbeiten habe. Wählt die Geschichte also gerne in Anlehnung an das am Tage Erlebte aus. So kann ich einen direkten Bezug zu meinem Tag herstellen und wir können meine Erlebnisse gemeinsam reflektieren.

Jede Geschichte arbeitet zudem heraus, wofür ich an meinem ereignisreichen Tag besonders dankbar bin. So kann ich mit einem besonders positiven Gefühl einschlafen.

Entwicklungsschritte im 1. Lebensjahr

In meinem ersten Lebensjahr werde ich mich so schnell entwickeln, wie es in meinem restlichen Leben nicht mehr vorkommen wird. Umso wichtiger ist es für mich, dass ich euch an meiner Seite habe. Ich schlafe in den ersten Wochen meines Lebens gerne auch mal 20 Stunden am Tag, um all die neuen Eindrücke zu verarbeiten. Das Leben ist nämlich ganz schön anstrengend, wenn man neu dabei ist.

Auch wenn ich einen großen Teil meines ersten Lebensjahres noch keine ganzen „richtigen" Worte sprechen kann, kommuniziere ich mit euch. Ich liebe es, ab ca. sechs Monaten zu brabbeln, und ich versuche die Welt erst rollend, dann robbend und später krabbelnd zu erforschen. Ein Riesenabenteuer!

Doch was passiert in meinem ersten Lebensjahr eigentlich in meinem Kopf? Wie verarbeite ich all die neuen Eindrücke?

Mit etwa vier Monaten beginne ich all die schönen Dinge um mich herum zu kategorisieren. Ich kann also durchaus schon erkennen, dass Lebensmittel etwas anderes sind als Möbelstücke. Natürlich in meiner ganz eigenen Sprache. In diesem Alter kann ich mir jedoch noch nicht merken, wo Mama oder Papa zum Beispiel etwas versteckt haben. Ich denke nur so lange an einen Gegenstand, wie ich diesen visuell auch wahrnehmen kann. In dieser Zeit gilt für mich das Motto: „Aus den Augen, aus dem Sinn." Dies trifft übrigens auch dann zu, wenn einer von euch den Raum verlässt. Seit mir also nicht böse, wenn ich euch dann einmal vermisse und weine.

Mit ca. neun Monaten habe ich dann schon wesentlich stabilere Vorstellungen und kann mir Dinge länger merken. Dadurch kann ich dann zum Beispiel auch einen Gegenstand wiederfinden, der kurz zuvor in eine Kiste gelegt wurde.

Gegen Ende meines ersten Lebensjahres beginne ich damit, Vorlieben und Wünsche anderer Menschen anhand ihrer Verhaltensweisen zu erkennen. Ich kann dann endlich einfache geistige Zustände anderer Menschen verstehen und entsprechend handeln. Ich kümmere mich also anfangs instinktiv um meine Grundbedürfnisse, während ich im 12. Lebensmonat bereits damit beginne, euch und eure Gedanken nachzuvollziehen. Zudem kann ich dann i. d. R. schon meine ersten einfachen Worte sprechen.

Wie ihr merkt, passiert im ersten Lebensjahr wirklich viel. Umso wichtiger ist es für mich, dass ihr mich bei der Verarbeitung dieser Herausforderungen in meinem Alltag unterstützt. [vgl. 1]

Was mich bewegt und was mich beruhigt

Grundsätzlich gilt: Zu viele Reize bedeuten für mich Stress! Wenn ihr mir also dabei helfen wollt, mich gut und gesund zu entwickeln, dann versucht die Anzahl und die Intensität an Reizen nicht zu groß werden zu lassen. Denn nur so bleibt genügend Zeit, um das Erlebte zu verarbeiten.

Von Reizüberflutung sind besonders zwei Sinne betroffen: das Sehen und das Hören. Hierüber nehme ich ca. 90 % aller Informationen und Reize wahr. Kein Wunder also, dass diese zwei Sinne besonders stark belastet sind. Bei Überlastung leidet dann langfristig meine Selbstwahrnehmung.

Wenn ihr mir etwas vorsingt oder vorlest, dann führt dies zu viel mehr Vernetzung in meinem Hirn, als wenn ich jeden Tag immer wieder das Gleiche vorgespielt bekomme. Eure Stimme, Anwesenheit und Interaktion liebe ich. Egal ob ihr singen könnt oder nicht, eure Stimme gibt mir Geborgenheit und festigt unsere Bindung. Auch Fingerspiele für Babys sind eine tolle Möglichkeit, mit mir in Interaktion zu treten. Hierzu zählt zum Beispiel auch das rhythmische Sprechen, zum Beispiel beim Aufsagen von Reimen oder beim Vorlesen von Geschichten.

Für mich gilt: Weniger ist mehr. Denn ich muss erst einmal mich selbst kennenlernen und dann kann ich mich um all die anderen schönen Dinge um mich herum kümmern. Ich brauche in den ersten Monaten nur euch. Das genügt mir, um mich prächtig zu entwickeln! [vgl. 2]

Danke, dass ihr für mich da seid!

Wie meine Abendroutinen aussehen können

Rituale bieten eine schöne Möglichkeit, einen aufregenden Tag ausklingen zu lassen. Sie helfen mir, zur Ruhe zu kommen. Hierzu ein kleiner Tipp: Mobiles und andere Spielsachen, welche von vielen Mamas und Papas vor allem an meinem Schlafplatz oder auf dem Wickeltisch zu finden sind, stören diese Phase. Auch hier gilt wieder das Motto: Reizüberflutung vermeiden. Völlig klar. Denn wie soll ich durch viel Ablenkung zur Ruhe kommen und mich erholen?

Meine erste Empfehlung für meine Abendroutinen ist daher: Weniger ist mehr! [vgl. 2]

Meine zweite Empfehlung ist, dass ihr für mich immer die gleichen Rahmenbedingungen schafft. Diese verschaffen mir Sicherheit und ich kann besser einschlafen. Zum Rahmen können zum Beispiel das Abdunkeln des Raumes sowie eine Prise frische Luft in meinem Raum gehören. Natürlich sollten auch alle meine Grundbedürfnisse gestillt sein. So kann ich mich Schritt für Schritt darauf einstellen, dass nun die Zeit des Erholens und Verarbeitens anbricht.

Zu den Rahmenbedingungen können natürlich auch die in diesem Buch gesammelten Kurzgeschichten gehören. Sie sorgen für Interaktion zwischen uns und geben mir die nötige Geborgenheit.

Liebevolle
Gute Nacht Geschichten
für Babys

Heute waren wir draußen... unterwegs

....auf dem Spielplatz...

Heute waren wir auf dem Spielplatz unterwegs.

Der Wind strich sanft um meine kleine Nase und ein paar Sonnenstrahlen berührten mein Gesicht. Außerdem war es dort ganz schön sandig, was das Krabbeln nicht gerade einfacher macht. Ich muss sagen, diese Sandkörner kleben auch ganz schön an den Händen. Egal wie oft ich sie zusammen geklatscht habe, es blieb immer etwas kleben. Gut, dass du ein Tuch dabei hattest.

Ja, so ein Spielplatzbesuch ist aufregend und macht ganz schön müde. Deshalb habe ich dann auch ein kleines Schläfchen in deinem Arm gemacht. Das war einfach nur herrlich ...

Wenn da nicht die ganzen großen Kinder wären. Die sind ganz schön laut, wenn sie umherrennen und sich gegenseitig fangen. Oder wenn sie so tun, als ob sie sich gegenseitig ihren selbst gemachten Sandkuchen in den Mund schieben.

Ich gebe zu, der sieht wirklich ganz schön lecker aus. Ich habe dann einfach meine Finger in den Mund gesteckt. Das ist auch irgendwie lecker und beruhigend.

Interessant war auch die Beobachtung, dass ein paar der großen Kinder die Rutsche viel lieber hinauflaufen wollten, als herunterzurutschen. Warum machen die das wohl? Wenn ich laufen kann, werde ich es herausfinden! Dann werde ich alle Rutschen hinauflaufen, die ich nur finden kann.

Ja, heute war ein aufregender Tag. Ich freue mich schon darauf, wenn wir wieder auf dem Spielplatz sind. Und wer weiß, irgendwann kann ich dann bestimmt auch selbst mal einen Sandkuchen backen. So wie es die großen Kinder machen. Der wird dann so lecker, dass auch die Erwachsenen davon essen wollen. Ganz bestimmt!

Jetzt bin ich aber ganz schön müde und freue mich auf das Schlafen. Ich bin mir sicher, morgen wartet schon wieder das nächste Abenteuer auf mich. Dafür brauche ich neue Energie. Gute Nacht und schöne Träume!

… im Kinderwagen …

Heute war ich im Kinderwagen unterwegs.

Man glaubt gar nicht, was man alles aus dem Kinderwagen heraus entdecken kann. Den schönen blauen Himmel, die kleinen weißen Wolken und hin und wieder einen Vogel, der am Himmel umherfliegt. Es wird nie langweilig.

Und dann ist da immer dein Gesicht, das mir Geborgenheit und Sicherheit gibt. Es ist schön, wenn du mich anlächelst und mit deinem Finger sanft über meine Wangen streichelst.

Meine kleine Mütze, meine Kuscheldecke und die Polsterung des Wagens sorgen dafür, dass sich alles angenehm warm anfühlt. Hin und wieder schlafe ich auch ein. Das sanfte Schaukeln des Kinderwagens ist dabei das i-Tüpfelchen!

Ich habe heute viele unterschiedliche Geräusche gehört, ohne sehen zu können, wo diese herkamen. Da war ich froh, dass ich dich sehen konnte. Das hat mich immer beruhigt.

Nur diese eine Frau, die sich einfach über meinen Kinderwagen gebeugt hat, um mit mir zu reden, hat mir heute etwas Angst gemacht. Sie roch so ungewohnt und ich hatte sie noch nie zuvor gesehen. Ich habe das Gefühl, je älter ihr Erwachsenen seid, desto öfter quatscht ihr kleine Kinder voll.

Du konntest mich dann aber schnell wieder beruhigen und ich habe mal wieder gelernt, dass fremde Menschen es oft nur gut mit mir meinen. Auch wenn ich vor fremden Erwachsenen oft Angst habe.

Ja, heute war wieder ein schöner Tag mit dir. Ich freue mich schon darauf, wenn ich wieder in meinem kuscheligen Kinderwagen an der frischen Luft unterwegs sein darf.

Nun wird aber erstmal geschlafen. Das Traumland wartet schon auf mich. Bis morgen!

… im Supermarkt …

Heute war ich im Supermarkt unterwegs.

Beim Einkaufen erlebe ich jede Menge. So viele bunte Sachen, die in den Regalen stehen. So viele Menschen mit einem Einkaufswagen. Eine ganz schöne Reizüberflutung für mich. Kein Wunder also, dass der Supermarkt mich ganz schön müde macht.

Es ist faszinierend. Die Türen zum Markt öffnen sich von ganz allein für uns und die Temperatur wird kälter, sobald man im Markt ist. Ich saß direkt am Griff des Einkaufwagens und konnte alles gut beobachten. Ein tolles Gefühl, so hoch oben zu sitzen und durch die Gegend geschoben zu werden. Auch wenn die Höhe im ersten Moment etwas Angst macht.

Als wir in den Markt fuhren, fiel mir direkt ein immer wiederkehrendes Geräusch auf. Wo es herkam, weiß ist nicht. Aber es wurde immer lauter, je näher wir der Frau an der Kasse kamen. Das Geräusch hatte fast schon eine beruhigende Regelmäßigkeit für mich. Also genoss ich es.

Ich wurde durch die riesigen Gänge voll mit Lebensmitteln geschoben und blickte immer mal wieder nach oben in die grellen Lichter, an die Decke des Supermarktes. Die können einen ganz schön blenden, wenn man direkt hineinsieht.

Am kältesten wurde es, als wir direkt bei den Joghurts parkten. Nur gut, dass du mich warm eingepackt hattest. So wurde nur meine kleine Nase für kurze Zeit ganz kalt.

Als der Wagen gegen Ende unseres Einkaufs immer voller wurde, konnte ich irgendwann eine Tüte greifen. Die habe ich natürlich sofort aus dem Wagen geschmissen. Ein Riesenspaß, sage ich dir, auch wenn ihr Erwachsenen das nicht so gerne mögt.

Bei all dem leckeren Naschkram in den Regalen war ich froh, dass ich meinen Schnuller hatte. So hatte ich nämlich immer was zum Nuckeln und bekam nicht so schnell Hunger.

Es war mal wieder ein spannendes Abenteuer. Das muss ich jetzt erst einmal verarbeiten. Wir sehen uns morgen zu den nächsten Abenteuern. Schlaft schön!

... im Park ...

Heute waren wir draußen im Parkt unterwegs.

Wir waren mit einem anderen Erwachsenen und einem anderen Baby im Park spazieren. Die Erwachsenen haben sich die ganze Zeit unterhalten. Da habe ich zwischendurch einfach mal geweint, um die Aufmerksamkeit auf mich zu lenken. Das hat auch super funktioniert. Gut, du warst ein wenig sauer darüber. Aber du weißt ja auch, dass ich das nicht böse meine und dich nicht ärgern will.

Insgesamt war es ein toller Ausflug an der frischen Luft. Ich habe zwischendurch immer mal wieder die Äuglein zugemacht und gedöst. Und immer, wenn ich aufgewacht bin, warst du da. Das war schön.

Vom Kinderwagen aus sieht man die vielen grünen Blätter der Bäume. Sie rascheln im Wind und hin und wieder fällt auch mal ein Blatt vom Baum.

Außerdem haben die Vögel gezwitschert, und hin und wieder war auch das andere Baby zu hören. Es schrie genauso wie ich. Das kann ganz schön nerven, musste ich feststellen. Je länger das geht, desto nerviger wird es. Einmal habe ich dann auch einfach angefangen zu weinen, in der Hoffnung, dass das andere Baby dann mal wieder aufhört. Hat aber leider nicht funktioniert.

Irgendwann hatten wir uns dann beide wieder beruhigt. An einem kleinen See angekommen, haben wir uns dann die Enten angesehen. Ganz gemütlich vom Schoß der Erwachsenen aus.

Immer wenn ich eine Ente entdeckt hatte, habe ich auf sie gezeigt, damit auch die anderen sie sehen konnten. Sie watscheln und quaken ganz interessant. Und am Ende haben wir sogar ein paar Brotkrümel zum Essen hingeschmissen. Was für ein Abenteuer!

Zurück im Kinderwagen habe ich dann nochmal den Blick in der Himmel genossen. Es ist wirklich beruhigend, wenn die kleinen weißen Wölkchen langsam vorüberziehen. Beim Einschlafen werde ich heute bestimmt an die Wolken denken. Und an dein schönes Lächeln. Bis morgen, ich habe dich lieb!

... im Auto...

Heute waren wir mit dem Auto unterwegs.

Ich liebe das Brummen des Motors und das gleichmäßige Geräusch des Blinkers. Und ich liebe das sanfte Schaukeln des Autos. Mit anderen Worten: Das Auto ist mein zweites Bett. Einfach perfekt für ein Nickerchen.

In deinem Auto fühle ich mich nie allein, weil du immer nah bei mir sitzt. Du redest zwar manchmal mit anderen Autofahrern, obwohl sie dich gar nicht hören können, aber das macht mir nichts. Auch den manchmal etwas strengeren Ton wegen des Fahrstils anderer Erwachsener kann ich dir gerne verzeihen. Denn du bringst mich immer sicher ans Ziel.

Das Muster unseres Autositzes habe ich mittlerweile genaustens studiert. Denn ich habe bei jeder Fahrt die Gelegenheit, es unter die Lupe zu nehmen. Auch die Nähte des Sitzes kenne ich schon genau. Es macht Spaß, diese mit den Augen nachzufahren.

Auch das Klappern des Autoschlüssels ist Musik für meine Ohren. Mal ist es etwas lauter, mal ist es etwas leiser. Es gibt so viele spannende Geräusche im Auto. Vor allem deine Lieblingssongs scheinen eine besonders positive Stimmung bei dir zu erzeugen. Du kannst zwar nicht wirklich singen, aber ich liebe es, deine Stimme zu hören.

Wenn ich also heute einschlafe, dann denke ich vielleicht an die Autofahrt. Sie wirkt auf mich beruhigend. Also nichts wie los auf die Fahrt ins Traumland. Ich freue mich schon darauf, dich morgen wiederzusehen.

Heute hatten wir Besuch von...

... Oma und Opa

Heute hatten wir Besuch von Oma und Opa.

Oma und Opa sind die Besten. Egal was ich will, sie schenken mir in jeder Situation die volle Aufmerksamkeit. Man fühlt sich so ein bisschen wie ein kleiner Star, wenn sie zu Besuch sind.

Eines fällt mir bei den Besuchen von Oma und Opa allerdings besonders auf: Alle Erwachsenen trinken dann immer dieses schwarze Getränk und es gibt Kuchen. Jede Menge Kuchen. Jedes Mal. Damit ist für mich klar, Oma und Opa müssen dieses schwarze Getränk und Kuchen lieben.

Heute hat Oma mir mundgerechte Portionen vom Kuchen gemacht. Ich liebe das. Oma ist fürsorglich und schenkt mir ganz viel Wärme und Liebe. Oma und Opa verhätscheln und vertätscheln mich, wo sie nur können.

Eklig ist nur, wenn Oma oder Opa mir die Nase und den Mund mit ihrem sabrigen Fingern sauber machen wollen. Allerdings bringen sie mir oft neue Spielzeuge mit. Was will ich mehr! Von mir aus können sie gerne öfter kommen.

Einmal habe ich heute kurz geweint. Da hat mich Opa gleich auf den Arm genommen und mich in seinem Arm einschlafen lassen. Ja, Oma und Opa bedeuten für mich Geborgenheit und Wärme. Genau wie mein Bettchen, in dem ich jetzt liege. Es war mal wieder ein aufregender Tag und ich freue mich schon darauf, wenn Oma und Opa wieder zu Besuch kommen.

Jetzt wird aber erst mal geschlafen! Gute Nacht!

... den Freunden von Mama und Papa

Heute hatten wir Besuch von den Freunden von Mama und Papa.

Mann, was für ein aufregender Tag! Als mich heute Nachmittag vier große Augen anschauten und mich an meinem Bäuchlein kitzelten, habe ich mich ganz schön erschrocken. Es waren zwei fremde Erwachsene, die mich wohl am liebsten aufgefressen hätten.

Nur gut, dass Mama und Papa immer auf mich aufpassen. Sie haben mich auf ihren Schoß genommen und meine Aufregung konnte sich langsam legen.

Von Mamas und Papas Schoß aus lassen sich die Fremden wunderbar beobachten. Nach einer Weile habe ich dann auch gemerkt, dass sie es nur gut mit mir meinen und ich konnte schnell wieder lächeln.

Es scheint im Übrigen so, als ob Erwachsene mein Lächeln lieben und zurück lächeln. Das war heute eine sehr interessante Beobachtung. Je mehr ich lächelte, desto mehr lächelten auch die fremden Erwachsenen am Tisch. Ganz schön einfach zu durchschauen, diese Erwachsenen ...

Nachdem also die erste Aufregung vorbei war, bemerkte ich, dass die Erwachsenen sich immer mehr in ihrer Sprache unterhielten und ich mehr und mehr zur Nebensache wurde. Ich gebe zu, im Nachhinein betrachtet hat mir die Aufmerksamkeit der Erwachsenen schon ganz gut gefallen. Also entschied ich mich einfach mal ein wenig zu quengeln.

Und siehe da, es funktionierte. Die Fremden haben mit mir gespielt und das hat Riesenspaß gemacht. So viel Spaß und Aufregung, dass ich kurz danach ein Schläfchen machen musste.

Heute habe ich gelernt, dass Mama und Papa auch noch andere Menschen um sich herum haben, die ihnen wichtig sind. Auch wenn sich das für mich manchmal nicht so schön anfühlen kann, nicht im Mittelpunkt zu stehen. Es war ein wirklich schöner Tag.

Liebe Mama, lieber Papa, eure Freunde dürfen wieder kommen! Ich wünsche euch euch eine gute Nacht. Bis Morgen!

... der Nachbarskatze

Heute hatten wir Besuch von der Nachbarskatze.

Als ich heute aus unserem Fenster schaute, lief eine Katze aus der Nachbarschaft auf unserem Grundstück herum. Ich habe diese Katze vor einiger Zeit schon einmal gesehen. Sie geht öfter in unserer Nachbarschaft spazieren.

Heute lief sie zunächst auf unserem Grundstück herum und sprang dann auf einen Stuhl. Dort legte sie sich hin und machte ein Nickerchen. Katzen sind anscheinend recht entspannte Haustiere.

Beim nächsten Mal würde ich gern einmal das weiche Fell berühren. Es ist bestimmt ganz weich und der Katze gefällt es sicher, wenn sie gestreichelt wird. Ich habe schon einmal beobachtet, wie die Katze um die Beine eines anderen Erwachsenen herumschlängelte und von ihm gestreichelt wurde. Katzen scheinen das zu lieben.

Katzen sind mir also ähnlicher, als ich gedacht habe.

Aber solange ich noch so klein bin, sollte ich noch etwas Abstand von der Katze halten. Denn sie würde mir meinen Platz im gemütlichen Bettchen streitig machen, sagt Mama.

Wenn ich groß bin, darf ich dann ja vielleicht auch einmal ein Haustier haben. Dann kann ich lernen mich darum zu kümmern und es zu versorgen. Und natürlich zu streicheln. Das wird schön.

Jetzt aber genug der Aufregung. Heute werde ich beim Einschlafen an die liebe Katze denken. Vielleicht kann ich sie ja in meinen Träumen streicheln und mit ihr kuscheln. Bis morgen!

… anderen Kindern

Heute hatten wir Besuch von anderen Kindern.

Kennst du das, dass du glaubst, ein anderes Baby ahmt all deine Bewegungen nach? Das habe ich jetzt schon mehrmals im Flur erlebt. Immer an der gleichen Stelle treffe ich dieses Baby.

Es sieht süß aus und es streckt mir die Hand entgegen, bis wir uns berühren. Es grinst, wenn ich grinse, es schreit, wenn ich schreie. Einfach unglaublich, dieses Baby. Ich liebe es, mit diesem Baby zu spielen und zu sehen, wie es mich imitiert.

Heute aber war es anders. Es klingelte an der Tür und ich habe mich ganz schön erschrocken. Dann kam eine erwachsene Person mit einem anderen Baby auf dem Arm in unsere Wohnung. Das andere Baby hatte kaum Haare und es hat geschlafen.

Nach ein paar Minuten wurden wir dann gemeinsam auf meine Kuscheldecke in meinem Kinderzimmer gesetzt. Das war vielleicht interessant. Aber irgendwie auch ungewohnt. Also beschloss ich zu schreien. Das Faszinierende dabei? Das andere Baby fing auch an zu schreien.

Als wir uns wieder beruhigt hatten, haben wir uns gegenseitig beobachtet. Es war echt interessant, was das andere Baby so für Sachen gemacht hat. Es fällt mir wirklich schwer, zu verstehen, was wohl in dessen Kopf so vorgeht.

Aber auch das Rätsel werde ich, genau wie das Rätsel aus unserem Flur, irgendwann entschlüsseln. Da bin ich mir sicher.

Jetzt wird aber erst mal in Ruhe geschlafen. Morgen ist wieder ein neuer Tag auf diesem spannenden Planeten. Schön, dass ihr immer an meiner Seite seid und mit mir das Abenteuer Leben gemeinsam geht. Gute Nacht!

… einem kleinen Vogel

Heute hatten wir Besuch von einem kleinen Vogel.

Als ich heute aus dem Fenster gesehen habe, saß dort ein kleiner Vogel. Er war deutlich größer als meine Hand und hatte einen roten Bauch. Er konnte ganz laut singen und immer, wenn ich mit meiner Hand an die Scheibe unseres Fensters gestoßen bin, ist er kurz weggeflogen.

Doch er kam immer wieder schnell zurück und hat sich an diese kleinen runden Bälle gehängt, die wir an den Busch vor unserem Fenster gehängt haben. So ein kleiner Vogel kann ganz schön viel fressen.

So ein lieber Vogel. Man könnte denken, dass er nur für mich singt. Einfach wunderschön und melodisch. Ich hoffe wirklich, dass er mich noch gaaanz oft besuchen kommt.

Vielleicht kann ich ja heute Nacht auch fliegen wie ein Vogel. Über die Dächer und Straßen, Wiesen und Bäume. Dann wäre alles Große ganz klein und ich könnte kopfüber an diesen Futterbällen hängen und mir mein kleines Bäuchlein vollschlagen.

Aber eigentlich ist es hier in meinem Bett viel schöner und weniger aufregend. Hier kann ich zur Ruhe kommen und nach und nach in die Welt des Träumens gleiten. Das klingt nach einem guten Plan. Bis morgen, lieber Vogel, und bis bald! Dein/ Deine ---------.

Meine liebsten Rituale

Essen

Heute hatte ich mal wieder einen Bärenhunger!

Gut, dass Mama immer gleich für mich da ist und mir regelmäßig meine Milch gibt. Die ist soooo lecker, dass ich am liebsten darin baden würde. Sie gibt Energie und spendet Wärme, wenn sie leicht erwärmt in mein kleines Bäuchlein fließt.

Wenn ich dann satt bin, brauche ich immer etwas Zeit, um mein Nickerchen zu machen. Ich kann euch sagen: ein wahnsinnig befreiendes Gefühl. Nach dem Essen steht einem Nickerchen nichts mehr im Wege.

Manchmal ist das Gefühl des Milchtrinkens sogar so befriedigend, dass mir die Augen einfach schon beim Essen zufallen. Man glaubt gar nicht, was Milchtrinken für eine wunderbare Einschlafmedizin ist.

Mal sehen, wann es wieder einmal Babybrei gibt. Ich mag Babybrei nämlich aufgrund seiner abwechslungsreichen Geschmacksrichtungen ebenfalls sehr gerne. Das ist wirklich der Vorteil daran. Heute Apfel, morgen Banane, übermorgen Birne. Alles, was das Herz begehrt.

Nun liege ich satt und sauber in meinem Bettchen. Es ist Zeit, den Tag in aller Ruhe zu verarbeiten. Ich melde mich dann wieder, sobald ich wieder Hunger habe. Bis dahin, gute Nacht!

Wickeln

Mehrmals am Tag riecht es etwas komisch. Ganz selten sogar ganze zehnmal. Und ich befürchte, ich bin nicht ganz unschuldig daran.

Zum Glück wisst ihr Erwachsenen stets, was dann zu tun ist. Auch wenn mir euer Gesichtsausdruck manchmal verrät, dass es nicht die angenehmste Aufgabe in eurem Leben ist. Und dafür bin ich euch sehr dankbar!

Am meisten liebe ich, wenn ihr Erwachsenen mir beim Wickeln ein Lied vorsingt und mit mir Blickkontakt haltet. Ja, für mich ist das Wickeln eine sehr intensive und intime Routine. Auch wenn es den Erwachsenen nicht immer gefällt, dass ich beim Wickeln super gerne mit meinen Armen und Beinen herum wackle. Das ist für mich ein Riesenspaß!

Außerdem genieße ich es, dass es auf der Wickelunterlage immer etwas zum Spielen gibt. Egal ob Beißring, ein Fühlbuch oder einfach eine Windel. Man kann alles so wunderbar in den Mund nehmen.

Wenn ich beim Wickeln dann einmal nichts zum Rumkauen habe, dann liebe ich es, zu brabbeln und mit den Erwachsenen zu kommunizieren.

Als wir heute vor dem Zubettgehen mit dem Wickeln fertig waren, roch es wieder nach Puder und sauberer Windel. Perfekt, um in die Nacht zu starten. Alles ist schön sauber und fühlt sich nicht mehr so nass am Popo an.

Ja, auch wenn es nicht die Lieblingsbeschäftigung der Erwachsenen zu sein scheint – ich liebe es! Für heute ist also wieder alles für eine erholsame Nacht bereitet. Heute war wieder ein wundervoller Tag. Ich bin gespannt, was es morgen alles zu entdecken gibt! Gute Nacht!

Baden

Heute war ich mal wieder baden. Das habe ich auch sehr genossen. Das lauwarme Wasser, die beruhigende Stimme von euch Erwachsenen und der weiche Wachslappen, der sanft über meine Haut gleitet. Eine wirklich tolle Massage.

Einmal habe ich etwas viel Wasser über das Gesicht bekommen. Dann habe ich ein bisschen weinen müssen. Aber ich war in guten Händen und habe gelernt, dass mir in eurer Anwesenheit nichts passieren kann.

Außerdem beobachte ich beim Plantschen gerne, wie das Quietscheentchen in meiner Wanne herumschwimmt. Es ist schön gelb und gibt auch noch Geräusche von sich.

Trotzdem ist es dann auch immer schön, wenn ich sanft trocken gerubbelt werde. Man glaubt gar nicht, wie schön man seine gesamte Haut dabei spüren kann. Nach dem Abtrocknen ging es dann ganz schnell wieder in meinen warmen Strampler. Der ist so wunderbar kuschelig, dass ich sowas auch euch Erwachsenen empfehlen kann.

Da ich ja nun blitzeblank bin, kann ich auch wunderbar einschlafen. Ich wünsche eine gute Nacht!

Bäuerchen machen

Es ist immer wieder ein befreiendes Gefühl!

Wenn sich die Luft während des Essens in meinem kleinen Bäuchlein angesammelt hat, kann das ganz schön kneifen im Bauch. Nur gut, dass ihr Erwachsenen mich nach einer Mahlzeit immer auf den Arm nehmt und mir die Zeit gebt, die ich benötige, um diese Luft wieder loszuwerden.

Heute war es wieder einmal besonders anstrengend für mich. Ich hatte etwas hastig getrunken und dabei glaube ich sooo viel Luft geschluckt, dass mein Bauch richtig aufgepustet war. Außerdem habe ich mich bei meiner heutigen Mahlzeit zweimal verschluckt.

Als ich beim Bäuerchenmachen dann so über der Schulter meiner Mama hing, ging dann alles ganz schnell. Ich spürte: „Da kommt etwas". Und sah gleichzeitig, dass kein Spucktuch unter meinem Mund positioniert war. Doch da war es schon zu spät. Mamas Oberteil hatte einen Fleck. Ihre Laune wurde daraufhin ein wenig schlechter.

Mir ging es dafür nach dem Bäuerchen mal wieder umso besser! Ein Hoch auf das Essen, meinen Körper und meine Familie. Nun aber genug vom Bäuerchen. Jetzt mache ich ein Nickerchen, damit ich morgen wieder neue Abenteuer erleben kann. Gute Nacht!

Durch die Gegend getragen werden

Ich liebe es!

Das beste Gefährt auf der Welt seid ihr Erwachsenen. Ihr tragt mich von A nach B und das Beste daran: Ich kann dabei sogar einfach ein Nickerchen machen.

Heute bin ich auf dem Arm durch das ganze Haus getragen worden. Es war wunderbar. Mama hat währenddessen telefoniert und ich habe mal mehr und mal weniger dabei geschlummert.

Immer wenn ich die Augen öffnete, habe ich etwas anderes gesehen. Einmal war es unsere Garderobe, einmal unseren Fernseher und einmal auch ein Eichhörnchen, das draußen auf einen Baum kletterte.

Nebenbei hörte ich jemanden aus dem Telefon sprechen. Wahrscheinlich war das ein Freund oder eine Freundin von dir. Ja, auch so eine leise und monotone Stimme kann ganz schön beruhigend sein.

Als ich dann heute keine Lust mehr hatte, getragen zu werden, habe ich einfach etwas geschrien. In der Regel versteht ihr Erwachsenen dann auch, was ich will. Manchmal muss ich jedoch etwas hartnäckiger bleiben. Denn zwischendurch mag auch ich mal wieder auf eigene Faust die Welt erkunden.

Nachdem ich mich heute also dazu entschieden hatte, eine Runde durch mein Zimmer zu robben und zu krabbeln, legte ich mit dem Gequengel los. Die Anstrengung hat sich mal wieder gelohnt! Denn auch die Freiheit, entscheiden zu können, wohin und in welchem

Tempo es weiter geht, ist ein tolles Gefühl. Die Welt ist so vielfältig und spannend, dass ich wahrscheinlich noch ewig brauche, bis ich alles Schöne in unserem Zuhause entdeckt habe!

Nach einer Weile war das Krabbeln dann aber anstrengend genug und ich genoss es, wieder herumgetragen zu werden. Ein Hoch auf das Getragenwerden!

Nun aber genug davon, ich bin schon müde. Hoffentlich träume ich von der Geborgenheit und der Wärme, die man beim Herumgetragenwerden so erfährt. Danke für das beste Gefährt auf der Welt, euch Erwachsene!

Mama und Papa…

… haben heute gekocht

Mama uns Papa haben heute gekocht.

Ich durfte dabei in einem Tragetuch bei Papa direkt am Bauch hängen. Das war sooo gemütlich. Und dazu die leichten Bewegungen, als Papa das Gemüse geschnitten hat … ein Träumchen!

Natürlich waren dann auch irgendwann die Zwiebeln dran. Die riechen wirklich sehr intensiv. Genauso der Knoblauch. Aber mein Papa liebt beides in seinem Essen.

Am meisten freue ich mich beim Kochen immer darauf, dass die Dunstabzugshaube eingeschaltet wird. Das summende Geräusch der Haube wirkt auf mich nämlich wie die beste Entspannungsmusik. Auch das Geräusch des Bratens in der Pfanne wirkt total beruhigend. Natürlich bin ich dann traurig, wenn das Essen fertig ist.

Bei so entspannender Geräuschkulisse fiel es mir natürlich umso leichter, mich an Papas Bauch zu kuscheln.

Als dann aber beim Abschmecken ein kleiner Happen des Essens in mein Umhängetuch gefallen ist, war der Spaß vorbei. Ich habe mich in diesem Moment so erschrocken, dass ich erstmal ein bisschen weinen musste.

Papa hat mich dann aber gleich wieder beruhigt. Schon schön, wenn man einen so lieben Papa hat.

Als Mama und Papa dann heute Mittag mit dem Essen begannen, war ich zum Mittagsschlaf schon einmal genau hier, nämlich in meinem gemütlichen Bett. Entsprechend konnten Mama und Papa in Ruhe ihr Essen genießen. Glaube ich zumindest.

Da ich nun wieder in meinem Bettchen liege, scheint es ja schon wieder so weit zu sein. Ich bin sauber, satt und im Entspannungsmodus. Jetzt kann ich mich an die Verarbeitung des Tages machen, denn Morgen steht mir wieder ein neuer Tag voller interessanter Herausforderungen bevor. Gute Nacht.

... haben heute geputzt

Mama und Papa haben heute geputzt.

Heute war es mal wieder so weit. Mama und Papa haben unser zu Hause auf Vordermann gebracht. Von meinem Baby Case aus konnte ich aus sicherer Entfernung zusehen, wie Mama mit dem Staubwedel loslegte. Erst über die Fensterbank, dann über den Fernseher und zum Schluss in unseren Regalen. Dabei meckerte sie manchmal, dass schon wieder so viele Sachen herumstehen würden.

Ich konnte außerdem hören, wie Mama beim Staubwedeln ein Lied summte. Ich glaube, es war das Lied, sas manchmal auch im Autoradio läuft. Ich verstehe nur die Sprache nie, in der gesungen wird. Aber Mama vielleicht auch nicht und deshalb summt sie es einfach nur ...

Naja, wie auch immer. Als Mama mit dem Staubwischen fertig war, kam mein Papa in den Raum. In der Hand hatte er unseren Staubsauger.

Ganz ehrlich? Ich mag es nicht so gerne, wenn der Staubsauger angeht. Das ist mir manchmal zu laut, da kann man gar nichts anderes mehr hören. Doch ich weiß mir ja zu helfen, wenn mir etwas nicht so gut gefällt: Ich fing an zu weinen.

Nach einer Weile kann man sich jedoch sehr an das Geräusch des Staubsaugers gewöhnen. Vor allem, wenn er nicht mehr in meinem, sondern in irgendeinem anderen Raum seinen Staub aufsaugt. Ja, dann kann ich sogar wunderbar dazu einschlafen. Genauso war es heute auch.

Als ich dann etwas später aufwachte, hatte Papa gerade wieder das Stromkabel des Staubsaugers aus der Steckdose gezogen und es in den Staubsauger hineinziehen lassen. Als das Kabel dann endlich im Staubsauger verschwunden war, brachte Papa ihn wieder weg.

Was für eine Action! Und ich hatte von meinem Standort mal wieder einen schönen Ausblick auf das Spektakel. Ich freue mich schon darauf, wenn die nächste Putzrunde ansteht. Denn irgendwie ist es schön, Mama und Papa bei der Arbeit zu beobachten.

Nun werde ich aber erstmal diese himmlische Ruhe ausnutzen und mich in das Land der Träume begeben. In meinem wunderbar sauberen Zimmerchen! Gute Nacht!

… haben sich heute gestritten

Mama und Papa haben sich heute gestritten (glaube ich).

Das Wichtigste vorab: Sie haben sich wieder vertragen!

Als ich heute so in aller Ruhe an meinem Plüschball gekaut habe, versprühten Mama und Papa auf einmal negative Vibes. Ich glaube, es ging darum, dass die Spülmaschine mal wieder nicht ausgeräumt war.

Ich würde ja helfen, aber ich schaffe es ja nicht mal, die Klappe des Spülers zu öffnen. Naja, um es kurz zu machen: Irgendwie waren sich Mama und Papa uneinig, wann man eine Geschirrspülmaschine ausräumen sollte und wann eben noch nicht. Und das in einem echt unschönen Tonfall. So kannte ich die beiden gar nicht.

Naja, was sollte ich machen? Ich habe einfach geweint. Ich will nämlich nicht, dass Mama und Papa böse aufeinander sind. So.

Mama und Papa haben mich dann direkt auf den Arm genommen und wir haben zu dritt eine Runde gekuschelt. Das hat mir direkt ein Lächeln aufs Gesicht gezaubert. Ja, so gefällt es mir besser. Wenn Mama und Papa sich vertragen, geht es auch mir viel besser.

Eines habe ich heute allerdings gelernt: Wenn sich Mama und Papa einmal streiten, dann raufen sie sich schnell wieder zusammen. Und oft ist eine Meinungsverschiedenheit zwischen Erwachsenen ja auch ganz normal. Unterschiedliche Meinungen gehören zum Leben dazu.

Auch ich bin manchmal anderer Meinung als Mama und Papa. Zum Beispiel, wenn es um das Schlafengehen geht. Oft soll ich schlafen, obwohl die Welt ja noch so voller spannender Dinge ist, dass man ganz aufgeregt ist.

Für heute aber genug. Wichtig ist, dass wir uns alle lieb haben! Morgen kann ich all die spannenden Dinge wieder voller Energie entdecken. Ich freue mich schon darauf!

... hören mir beim Brabbeln gerne zu

Mama und Papa hören mir gerne beim Brabbeln zu.

Ich war heute mal wieder sehr gesprächig. Und ich glaube, ihr Erwachsenen könnt mich schon ganz schön gut verstehen. Anders kann ich mir nicht erklären, warum ihr mir immer so lange zuhört, wenn ich herumbrabble.

Mal ganz ehrlich, Mama, Papa und auch andere Menschen sprechen mit mir ja selber ganz oft so eine komisch Sprache, dass ich durchaus glaube, dass sie meine Laute schon jetzt verstehen können.

Sie lächeln und schneiden Grimassen, wenn ich mit ihnen rede und ja, manchmal tanzen sie auch vor mir herum und klatschen meine Händchen zusammen. Das macht mir Riesenfreude.

Heute habe ich Papa mit meinem Brabbel-Vokabular gefragt, ob er mir ein genauso schönes Auto schenkt, wie er eines hat. Seiner Reaktion nach war die Antwort ein klares Ja. Mit großen Augen und mit einem breiten Grinsen im Gesicht sah er mich an, als könne er es kaum erwarten, mir so ein Auto zu schenken.

Mama habe ich heute versucht zu erklären, dass mir ihre neue Frisur sehr gut gefällt. Dabei griff ich mit meinen Fingerchen nach ihren Haaren. Auch sie schaute mich daraufhin mit großen Augen an und hatte ein breites Grinsen im Gesicht.

Ja, man kann sagen, ich bin ein kleiner Brabbel-Künstler. Egal wie viel ich erzähle, ihr seid wirklich immer davon begeistert.

Hoffentlich ändert sich das nicht, wenn ich irgendwann einmal die gleichen Wörter verwende, wie es Mama, Papa und andere Menschen tun. Denn mit jeder Menge Zustimmung und Positivität lerne ich ratzfatz eure Sprache! Darüber bin ich mir sicher.

Mit diesem positiven Gefühl in mir lässt es sich nun super schlafen. Morgen wartet wieder ein neuer Tag auf mich und ich habe noch sooo viel zu erzählen ... bzw. zu brabbeln!

Mbaa unb Baba!

… heben meinen Schnuller immer wieder auf

Mama und Papa heben meinen Schnuller immer wieder auf.

Heute habe ich mal wieder einen Riesenspaß dabei gehabt, meinen Schnuller auf den Boden zu werfen. Ja, man glaubt gar nicht, wie viel Spaß das macht. Vor allem, wenn Mama oder Papa ihn jedesmal wieder aufheben.

Ich hole vor dem Herunterwerfen immer ein wenig Schwung und bewege meinen Arm dafür zackig hin und her. Dann muss man den Schnuller nur noch loslassen und das Ding fliegt durch die Gegend. Am richtigen Timing arbeite ich noch, deshalb ist Richtung und Intensität des Schnullerwurfes immer wieder eine kleine Überraschung.

Ja, schon allein das Geräusch, wenn mein Schnuller auf dem Boden knallt, zaubert mir ein Lächeln ins Gesicht.

Die Erwachsenen sind erfahrungsgemäß spätestens nach dem dritten Wurf immer etwas angefressen. So war es auch heute. Und es macht tatsächlich nur halb so viel Spaß, wenn Mama oder Papa den Schnuller dann nicht mehr sofort aufheben wollen. Dann hilft in der Regel nur eines: Schreien!

Das habe ich dann auch heute wieder getan. Mit der Zeit werden die Erwachsenen dann weich und heben mir meinen Schnuller wieder auf. Nachdem sie das getan haben, belohne ich sie immer mit einem Lächeln und ich fange an zu brabbeln. Das funktioniert in der Regel wunderbar.

Ich hoffe Mama und Papa verzeihen es mir, dass ich heute mal wieder im Schnuller-Weitwurf-Modus war. Und vor allem hoffe ich, dass sie mir nicht so eine Kette an den Schnuller machen, wie das manche anderen Babys haben. Das würde mir den ganzen Spaß verderben! Jetzt wird es aber Zeit, meinen Wurfarm etwas zu schonen und mich zur Ruhe zu legen. Morgen ist wieder ein neuer Tag. Und wer weiß, vielleicht schaffe ich ja einen neuen Rekord im Schnullerweitwurf.

Gute Nacht!

Das Wetter war heute…

… komisch nass

Das Wetter war heute komisch nass.

Als ich heute auf dem Supermarktparkplatz unterwegs war, habe ich hin und wieder ein paar Tropfen Regen ins Gesicht bekommen. Das kann ganz schön unangenehm werden, musste ich feststellen. Nur gut, dass ihr Erwachsenen bei so einem nassen Wetter einen Regenschirm dabeihabt. Schade, wenn ihr dann allerdings keine Hand mehr freihabt, um mich beispielsweise zu streicheln.

Mir ist generell schon aufgefallen, dass ihr Erwachsenen bei so einem Wetter häufig weniger gut gelaunt seid und einfach alles schneller gehen muss als sonst. Dazu passte die heutige Situation beim Einkaufen.

Als wir uns heute vom Supermarkt auf den Weg zum Auto gemacht haben, musste alles ganz schnell gehen. Ich hing im Tragetuch vor dir. In den Händen hattest du zwei große Taschen, prall gefüllt mit unserem heutigen Einkauf. Da war für den Regenschirm keine Hand frei und du beeiltest dich, schnell zum Auto zu kommen. Regen kann einen ganz schön hetzen, muss ich sagen.

Da war ich dann froh, als ich im Auto saß. Du wurdest allerdings pitschepatschenass, als du den Einkauf in dem Kofferraum des Autos verstautest. Ich hatte wirklich Mitleid.

Zu Hause angekommen, war dann aber alles schon wieder gut und die Laune besser. Wasser ist nämlich gar nichts so wirklich Schlimmes. Alles, was nass wird, trocknet auch wieder. Und auch die Natur braucht das Wasser, damit alles blühen und gedeihen kann.

Danke also, lieber Regen, dass es dich gibt. Auch wenn du den Erwachsenen mit deiner Anwesenheit manchmal etwas die Stimmung verdirbst.

Jetzt geht es ab ins trockene und warme Land der Träume. Gute Nacht!

... so, dass meine Mütze weggeflogen ist

Das Wetter war heute so, dass meine Mütze weggeflogen ist.
So schnell konnte ich gar nicht gucken, da war sie weg. Als ich heute im Kinderwagen lag, hatte irgendetwas meine kleine Mütze gepackt und davongetragen. Ohne dass ich sehen konnte, wer sie mir geklaut hatte.

Ich habe mich dabei so erschrocken, dass ich einfach losgeweint habe.

Als ich mich wieder beruhigt hatte, fiel es mir plötzlich auf. Der kleine unsichtbare Mützendieb war bestimmt der Gleiche, der auch Bäumen die Blätter stiehlt, an der Flagge in Opas Garten zerrt und manchmal auch die Wölkchen vor sich hertreibt.

Es war der Wind. Dieser sanfte Luftzug, der meine kleine Nase streichelt und an heißen Tag für eine schöne Abkühlung sorgt. Der gleiche Wind, der an manchen Tagen aber auch kleine Mützen stiehlt.

So ein Wind ist ganz schön frech. Je nach Lust uns Laune weht er einmal stärker und manchmal auch so wenig, dass man ihn nicht spüren kann.

Oben im Himmel muss er jedoch fast immer zu Gast sein. Denn die Wolken bewegen sich ständig. Mal mehr, mal weniger. Er sorgt dafür, dass Regenwolken vergehen. Aber auch dafür, dass Wolken sich vor die Sonne schieben und von ihr weichen. Ja, der Wind hat wirklich viele Gesichter.

Hoffen wir, dass es morgen vielleicht etwas weniger windig wird als heute. Nun mache ich aber erstmal meine Äuglein zu und erhole mich von diesem stürmischen Tag. Schlaf gut, lieber Wind.

... viel zu warm

Heute war das Wetter viel zu warm.

Es gibt Tage, an denen schwitze ich meinen ganzen Strampler voll. Ja, heute war wieder so ein Tag, an dem meine Windel schneller stinkt als sonst.

Heute roch es ungewöhnlich schnell aus meiner Windel. Wir mussten mich heute entsprechend häufiger wickeln und zu allem Überfluss war mir meine Decke einfach zu warm, unter der ich mich sonst gerne einkuschle.

All diese Indizien sprechen dafür, dass es mal wieder so richtig warm ist. Nur gut, dass die Erwachsenen dann immer dafür sorgen, dass ich sauber und gepflegt bleibe und unter meiner Schmusedecke nicht total schwitzen muss.

Heute habe ich mir den Strampler gespart und bin lediglich mit meiner Windel herumgerobbt. Das hat auch etwas Befreiendes, muss ich sagen. Auch Mama und Papa tragen zu Hause an solchen Tagen luftigere Kleidung.

Wenn ich mal groß bin, dann will ich auch so luftige und leichte Kleidung tragen wie ihr Erwachsene. Am liebsten mit knalligen Farben und einem schattenspendenden Sonnenhut. Dann macht einem die Hitze nicht mehr so viel aus.

Außerdem liebe ich es, wenn ich an so heißen Tagen im Wasser herumplantschen kann. Denn wenn es so heiß ist wie heute, macht das gleich doppelt so viel Spaß, denn es kühlt wunderbar meine weiche Haut.

Vielleicht träume ich heute Nacht von meinem Sonnenhut und einem Eimer mit kühlendem Wasser. Und wer weiß, vielleicht ist es morgen auch wieder so wunderbar sommerlich. Ich bin gespannt, welche Abenteuer morgen wieder auf mich warten. Bis dahin wird erstmal geschlafen. Gute Nacht.

... voller komischer weißer Flocken

Heute war das Wetter voller komischer weißer Flocken.

Es waren soo viele, dass man sie gar nicht zählen konnte. Als ich heute aus dem Fenster schaute, konnte ich das erste Mal in meinem Leben etwas ganz Zauberhaftes entdecken. Es war weiß und legte sich auf alles nieder, was draußen zu sehen ist.

Auf die Bäume, auf die Dächer der Häuser, auf die Fußwege und Straßen, auf die Autos und natürlich auch auf die Menschen, die bei diesem Wetter draußen herumliefen. Es war wirklich magisch.

Auch wir sind dann kurz vor die Tür und ich habe eine kleine Flocke auf meine Hand bekommen. Sie fühlte sich kalt an und verschwand nach kurzer Zeit wieder. Zurück blieb ein kleiner Tropfen. Wie gesagt, es war einfach magisch.

Ein paar große Kinder haben auf dem Nachbargrundstück eine Figur aus großen Schneebällen geformt. Es scheint, als ob der Schnee sich gerne in Gruppen zusammenkleben lässt. Die Figur bekam dann am Ende sogar einen Hut aufgesetzt und einen Stock als Nase verpasst. Das sah fast ein wenig gruselig aus.

Wenn ich einmal groß bin, dann baue ich auch so eine Schneefigur. So viel steht schon mal fest. Bis dahin schaue ich mir so ein Spektakel aber lieber von drinnen an. Hier ist es nämlich schön warm und die kalten Schneeflocken können mich nicht zu sehr abkühlen.

Ich freue mich schon darauf, wenn es bald einmal wieder schneit. Der Anblick ist wirklich faszinierend.

Nun aber genug der Aufregung. Es ist Zeit, das heute Erlebte zu verarbeiten und von der Schneefigur zu träumen, die ich einmal bauen werde, wenn ich groß bin.

Gute Nacht, liebe Schneefigur!

... so kalt, dass ich eine ganz rote Nasenspitze bekam

Das Wetter war heute so kalt, dass ich eine ganz rote Nasenspitze bekam.

Als wir heute draußen unterwegs waren, da zog ein bitterlich kalter Wind um meine kleine Nasenspitze. Zum Glück war ich ganz warm und kuschelig angezogen und hatte meine Mütze auf. Ich habe allerdings schnell bemerkt, dass eine Sache an meinem Körper dann doch schwer zu bedecken ist.

Meine kleine Nase!

Sie lief heute fast durchgehend und in den Augenwinkeln konnte ich entdecken, dass sie sich ganz rot verfärbt hatte. Es bildeten sich beinahe Eiszapfen unterhalb meiner Nase.

Da ist man wirklich froh, wenn an solchen Tagen die Sonne einen Blick in meinen Kinderwagen wirft. Sie wärmt meine Bäckchen, meine Stirn und natürlich auch mein Näschen. Sie spendet angenehme Wärme, auch wenn die Luft sehr kalt ist.

Nur gut, dass ihr Erwachsenen mir einen Schneeanzug gekauft habt. Darin kann man auch solche Tage gut überstehen. Denn draußen an der frischen Luft bin ich wirklich gerne. Sie tut gut und ich kann Wolken und Vögel beim Vorbeiziehen beobachten.

Immer wenn ich heute ans Ende meines Kinderwagens schaute, entdeckte ich eine weitere rote Nase. Es war die von dir. Eine rote Nase wird mich an solch kalten Tagen anscheinend noch durch mein ganzes Leben begleiten.

Trotz des schönen Ausflugs bin ich nun froh, wieder in meinem Bettchen zu liegen. Hier ist es wunderbar warm und kuschelig. Meine Nase sieht übrigens wieder „normal“ aus. Ich kann also beruhigt schlafen und freue mich schon auf den morgigen Tag mit euch. Schlaft schön!

Heute habe ich gelernt, …

… dass die Welt gar nicht so grau ist, wie sie für mich in den ersten Wochen schien

Heute habe ich gelernt, dass die Welt gar nicht so grau und unscharf scheint, wie sie für mich in den ersten Wochen war.

Als ich heute aufgewacht bin, ist ein neues Zeitalter für mich angebrochen. Und ich bin gerade mal circa zwei Monate alt. Ja, ich kann das trotzdem behaupten und ich sage dir auch, warum. Ich habe die Welt das erstemal in Farbe gesehen. Das war ganz schön überraschend und fast schon ein wenig beängstigend. Ich sehe die gleichen Dinge wie vorher, aber die Dinge sehen anders aus. Eben bunter.

Irgendwie ist alles lebendiger geworden. Viel kontrastreicher und irgendwie auch schöner als vorher! Und wenn die Welt um mich herum immer so schön bunt bleibt, dann freue ich mich darauf, welche Farben ich noch alle zu Gesicht bekomme.

Es fällt mir jetzt natürlich auch viel leichter, gewisse Gegenstände wiederzuerkennen. Ja, ich kann sagen, dass Farben die Welt und auch mich etwas glücklicher machen.

Nicht, dass ich vorher unglücklich war. Ich kannte es einfach nur nicht anders.

Ich bin wirklich froh, dass ich nun mit anderen Augen durchs Leben gehen kann und damit die Welt um mich herum völlig neu begreifen kann. Ja, ich kann schon nach nur einem Tag sagen, ich liebe Farben!

Hoffentlich träume ich dann heute Nacht auch schön bunt. Denn dann wäre ich auch in meinen Nächten noch ein Stückchen glücklicher. Am besten, ich probiere es gleich einmal aus. Wir sehen uns morgen wieder, in dieser neuen, bunten Welt! Gute Nacht!

… dass mein Schreien Mama und Papa zu mir bringt

Heute habe ich gelernt, dass mein Schreien Mama und Papa zu mir bringt.

Es ist faszinierend. Ich habe DAS Zauberwort entdeckt. Ich gebe zu, das Wort ähnelt eher einer länger aufeinanderfolgenden, sehr lauten und fast schon nervenden Tonlage. Aber es funktioniert.

Ich habe es nun schon sehr oft ausprobiert und es hat bisher so oft funktioniert, dass ich stolz berichten kann: Schreien bringt Mama und Papa zu mir! Heurika, was für eine Entdeckung!

Wobei man zugeben muss, dass es manchmal etwas länger dauern kann, bis einer von beiden bei mir ist. Vor allem in der Nacht kann sich das ganz schön ziehen. Da muss man als Baby ziemlich ausdauernd sein. Aber das bin ich.

Zumal das Schreien durchaus anstrengend ist. Ich muss oft meine ganze Energie in dieses Zauberwort legen.

Deshalb bin ich natürlich immer froh, wenn Mama und Papa sich nicht so lange bitten lassen und direkt zu mir kommen. Schließlich habe ich ja auch meistens einen wirklich guten Grund dafür. Egal ob meine Windel voll, mein Magen zu leer oder das Verlangen nach ihrer Nähe einfach zu groß geworden ist. Alles Grund genug, um nach euch zu schreien, wie ich finde.

Das Schöne daran ist übrigens, dass Mama oder Papa mir nie böse dafür sind, dass ich sie so häufig zu mir rufe. Und dafür bin ich wirklich sehr dankbar. Schön, dass ich mich auf meine Eltern verlassen kann. Egal was ist, sie sind für mich da.

Mit diesem Gefühl lässt es sich auch heute wieder einschlafen. Es begleitet mich jeden Abend in meinen Schlaf. Schön, dass ihr Erwachsenen für mich da seid!

... dass Krabbeln schneller geht als Robben

Heute habe ich gelernt, dass Krabbeln schneller geht als Robben.

Man glaubt ja gar nicht, wie lange ich nun schon versucht habe, robbend die Welt zu erkunden. Und dann fällt mir heute plötzlich auf, dass es viel schneller ist, wenn man sein Bäuchlein nicht die ganze Zeit über den Boden schleifen muss.

Ja, heute war ein erkenntnisreicher Tag.

Als ich es schließlich geschafft hatte, meinen Körper von der robbenden Position in die Krabbelposition zu stemmen, wurde mir einiges klar. Man sieht von dieser Höhe aus viel besser als direkt über dem Boden und man kann mit ein wenig Übung viel größere Schritte machen.

Ich gebe zu, dass die Koordination noch etwas Übung erfordert. Denn gleichzeitig den linken Arm und das rechte Bein nach vorn zu bewegen, ist gar nicht so einfach. Zudem ist das Ganze ganz schön anstrengend für meinen kleinen Körper. Aber es lohnt sich.

Außerdem kann man ja zwischendurch immer wieder eine kleine Pause einlegen. Ich setzte mich dabei am liebsten auf meinen weichen, windelbepackten Po. Dadurch erhält man übrigens einen noch höheren Blickwinkel auf diese Welt.

Um es kurz zu machen: Ich werde meine Krabeltechnik ab jetzt immer weiter verbessern, damit ich schnell und sicher an mein Ziel komme. Und wer weiß, vielleicht kann ich ja auch schon bald auf zwei Beinen stehen und laufen, so wie die Erwachsenen das machen. Das scheint nämlich noch schneller zu gehen.

Heute war ein wirklich schöner Tag. Ich habe wieder so einiges gelernt und freue mich schon darauf, morgen die nächsten Entwicklungsschritte mit dir zu gehen. Jetzt werde ich mich erstmal erholen und neue Kraft sammeln, damit ich morgen wieder gaaaanz viel an meiner Krabeltechnik arbeiten kann. Gute Nacht!

... dass ich Füße besitze

Heute habe ich gelernt, dass ich Füße besitze.

Als ich heute nichtsahnend auf der Wickelkommode lag, da tauchten am unteren Teil von mir plötzlich so kleine Füßchen auf. Sie sahen anders aus als meine Hände und befinden sich unterhalb meines Bauches. Zudem sind die daran vorhandenen Finger viel kürzer als jene, die ich an meinen Händen habe.

Da ich ja ein sehr neugieriges Baby bin, habe ich mich dazu entschlossen, einfach mal einen Geschmackstest durchzuführen. Zack, war ein Teil meines Fußes im Mund. Das ging ganz einfach. Mein Fazit: Mein Fuß schmeckt nicht anders als andere Körperteile.

Sie scheinen also ein Teil von mir zu sein. Und wenn man sich konzentriert, kann man auf dem Rücken liegend mit den Beinen und Füßen wunderbar hin und her wackeln. Auch wenn ihr Erwachsenen das Rumgewackel beim Wickeln manchmal nicht so wirklich gerne habt – es macht einen Riesenspaß!

Die Füße scheinen allerdings für mich einmal sehr wichtig zu werden. Nicht ohne Grund schützt ihr Erwachsenen mir diese Dinger ja immer mit kleinen Socken. Die halten schön warm und sorgen zusätzlich dafür, dass meine neueste Entdeckung schön bunt aussieht.

Ich glaube, nun habe ich endlich die letzte Ecke meines Körpers entdeckt und bin gespannt, was man mit den Füßen noch so alles machen kann, außer sie in den Mund zu nehmen. Auch wenn das irgendwie beruhigend ist.

Doch jetzt ist erstmal Schlafenszeit. Gute Nacht, ihr lieben Füße!

Gute Nacht

Über die Autorin

Brigitte Loenhard verfasst Babybücher aus Leidenschaft. Die Berliner Babybuch-Autorin hat mit diesem Buch nun schon den zweiten Klassiker auf den Markt gebracht, um Eltern dabei zu helfen, schon die ersten Monate mit ihrem Nachwuchs sinnvoll zu gestalten. Denn nichts ist wertvoller als die Interaktion zwischen Eltern und Baby.

Erhalten Sie zukünftig noch weitere wertvolle Tipps und Tricks für eine gesunde Entwicklung Ihres Babys und tragen Sie sich für den kostenlosen Eltern-Newsletter von Brigitte Loenhard ein. Sie erhalten darin wertvolle Tipps, wie Sie die Herausforderungen mit Ihrem Nachwuchs schon vom ersten Tag an gesund und nachhaltig meistern können.

Besuchen Sie dafür ganz einfach die Homepage der Autorin auf www.brigitte-loenhard.de und tragen Sie sich für den Newsletter ein. Erfahren Sie zudem mehr über die Autorin und Ihre Leidenschaft für Babybücher.

P.S: Die Autorin freut sich immer über Feedback zu Ihren Büchern. Egal ob per Mail an kontakt@brigitte-loenhard.de oder in Form von Rezensionen auf einer der Verkaufsplattformen. Dafür schon mal vielen Dank im Voraus!

Weitere Bücher der Autorin

„60 Fingerspiele für Babys"

Quellen Nachweise

- So lernen Babys, in Kategorien zu denken | Quarks - YouTube
- Reizüberflutung vermeiden // Geborgen ankommen // Was das Baby fürs Leben braucht - YouTube

Haftungsausschluss

Die Umsetzung aller enthaltenen Informationen, Anleitungen und Strategien dieses Buches erfolgt auf eigenes Risiko. Für etwaige Schäden jeglicher Art kann der Autor aus keinem Rechtsgrund eine Haftung übernehmen. Für Schäden materieller oder ideeller Art, die durch die Nutzung oder Nichtnutzung der Informationen bzw. durch die Nutzung fehlerhafter und/oder unvollständiger Informationen verursacht wurden, sind Haftungsansprüche gegen den Autor grundsätzlich ausgeschlossen. Ausgeschlossen sind daher auch jegliche Rechts- und Schadensersatzansprüche. Dieses Werk wurde mit größter Sorgfalt nach bestem Wissen und Gewissen erarbeitet und niedergeschrieben. Für die Aktualität, Vollständigkeit und Qualität der Informationen übernimmt der Autor jedoch keinerlei Gewähr. Auch können Druckfehler und Falschinformationen nicht vollständig ausgeschlossen werden. Für fehlerhafte Angaben vom Autor kann keine juristische Verantwortung sowie Haftung in irgendeiner Form übernommen werden.

Urheberrecht

Hat Ihnen das Buch gefallen?

Ich freue mich sehr, dass Sie mein Buch bis zu dieser Stelle gelesen haben. Wenn es Ihnen gefallen hat, wäre es toll, wenn Sie ihm bei dem Online-Shop eine Bewertung geben, bei dem Sie bestellt haben. Oder Sie schreiben bei einem Ihrer Lieblings-Buchportale eine Rezension.
Es ist nicht nur sehr schön, Meinungen zu meinem Buch zu lesen. Außerdem hilft es mir auch dabei, weitere Geschichten zu schreiben und neue Leser für meine Bücher zu finden.

KAMPENWAND
VERLAG